আপনিও অভিনেতা

অভিনয় এক নজরে

কৌশল কুমার সিং

বিষয়বস্তু

আপনিও অভিনেতা

(অভিনয় এক নজরে)

লেখক

কৌশল কুমার সিং

নোশনপ্রেস

ভূমিকা

যখন থেকে মানুষ পৃথিবীতে এসেছে এবং কথা বলার ও বোঝার শক্তি পেয়েছে, তখন থেকে সে দৈনন্দিন জীবনে নিরন্তর অভিনয় করে চলেছে। কিন্তু এ ব্যাপারে তিনি সম্পূর্ণ অজ্ঞ। এই বইয়ের মাধ্যমে অভিনয় করতে হলে কী করতে হবে এবং কীভাবে কাজ করতে হবে তা ব্যাখ্যা করা হয়েছে। এই বইটি বিশেষ করে তাদের জন্য লেখা হয়েছে যারা অভিনয়ের দিকগুলোর সাথে পরিচিত হয়ে অভিনেতা হতে পারেন। আশা করি যারা অভিনেতা হতে চান তাদের জন্য এই বইটি সহায়ক প্রমাণিত হবে। এই বইটি সেই সমস্ত ছাত্রদের জন্যও উপকারী প্রমাণিত হতে পারে যারা চলচ্চিত্র বা খিয়েটারের সাথে যুক্ত হয়ে শিক্ষা গ্রহণ করছে।

স্বীকার

আমি চলচ্চিত্র, নাট্য সংগঠন, আমার পরিবার, আত্মীয়স্বজন এবং এই বইয়ের সাথে জড়িত সকল বন্ধুদের ধন্যবাদ জানাতে চাই, যারা আমাকে এই বইটি লিখতে অনুপ্রাণিত ও উৎসাহিত করেছেন।

প্রস্তাবনা

অনেক বছর আগে, যখন আমি একজন শিল্পী হিসেবে অভিনয় শুরু করি, তখন আমি জানতাম না অভিনয়ের পরিণতি আমার পেশাগত ক্যারিয়ারের জন্য ভালো হবে কি না। সময় কেটে গেল। যেহেতু আমি নিজে একজন অভিনেতা হিসেবে কাজ শুরু করেছি এবং তাও বিখ্যাত ও স্বনামধন্য পরিচালকদের নির্দেশনায়, তাই আমি অভিনয় থেকে পরিচালনায় চলে এসেছি। অভিজ্ঞতা থেকে অনুপ্রাণিত হয়ে আমি থিয়েটারের জন্য নির্দেশনা শুরু করি।

আমার মনে হয়েছিল যে অভিনয়ের যে অভিজ্ঞতা অর্জন করেছি তা অভিনেতাদের সাথে শেয়ার করব না কেন? এরপর এলো অভিনয় প্রশিক্ষণের পর্ব, যাতে অভিনেতার চরিত্র ও তার চিত্রনাট্য গড়ে তোলা যায়। এরপর চিত্রনাট্যের দৃশ্য নিয়ে বিভিন্ন অভিনেতাদের প্রশিক্ষণ শুরু হয়।

এই বইটি পড়ার অর্থ এই নয় যে অভিনেতারা কীভাবে শেখে, বরং তারা এই বইটিতে লেখা বিষয়গুলি মাথায় রেখে নিজেরাই ভাল অভিনেতা, পরিচালক এবং প্রশিক্ষকদের সাথে কথা বলে শিখতে পারে।

অভিনয় কর্মশালা বা যেখানে প্রশিক্ষণ দেওয়া হচ্ছে একটি নিরাপদ জায়গা হওয়া উচিত এবং প্রতিযোগিতামূলক নয়। এই বইটিতে যা কিছু অনুশীলন করা হয়েছে তা অনুশীলনের উদ্দেশ্য অভিনেতাদের ভাঙা নয়, বরং অভিনেতাদের স্ক্রিপ্টের আবেগগুলি গ্রহণ করতে এবং তাদের মাধ্যমে অভিনয় করতে সহায়তা করার জন্য। এই বইটি সম্পর্কে আমি স্পষ্ট করে বলি যে এতে লেখা প্রতিটি সত্য কেবল একটি কণ্ঠস্বর নয়, একটি অভিজ্ঞতা।

1

এক

আপনি যদি একজন শিল্পী হতে চান এবং আপনি আপনার মনকে ভালোভাবে প্রস্তুত করে থাকেন, তাহলে সবার আগে আপনাকে এই বিষয়গুলোর প্রতি মনোযোগ দিতে হবে যা আপনার সামনে উপস্থাপন করা হয়েছে।

1. আপনার লক্ষ্যে পৌঁছানোর জন্য, আপনার জন্য ধৈর্য এবং উৎসর্গ করা অত্যন্ত গুরুত্বপূর্ণ।

2. অভিনেতা হওয়ার পথে আপনাকে সংগ্রামের মুখোমুখি হতে হবে। আপনাকে কখনই একজন অভিনেতা হিসাবে কাস্ট করা হবে না কারণ, যে ভূমিকার জন্য বিবেচনা করা হচ্ছে তার জন্য আপনি প্রস্তুত নন। এটা সম্ভব যে আপনি এটি একাধিকবার সম্মুখীন হতে পারেন। কিন্তু আপনাকে দৃঢ় এবং ধৈর্যশীল হতে হবে। কারণ অভিনেতা হওয়ার এই স্বপ্ন নিজেই অনন্য। এর জন্য আরও সংগ্রামের প্রয়োজন।

3. আপনার যদি একজন অভিনেতা হওয়ার আবেগ এবং উৎসর্গ না থাকে তবে অভিনয় ক্যারিয়ার আপনার হবে না এবং আপনি একজন অভিনেতা হয়ে উঠতে পারবেন না।

4. ভাঙবেন না, বরং নিজেকে শক্তিশালী করুন যাতে আপনি আপনার জীবনের লক্ষ্যে পৌঁছাতে পারেন।

5. ফিল্ম বা টিভিতে আপনার প্রথম ভূমিকা পেতে, আপনাকে প্রত্যাখ্যান করা হতে পারে অর্থাৎ আপনাকে নেওয়া হবে না। তখন আপনার মনে হবে আপনি ভুল ক্যারিয়ার বেছে নিয়েছেন বা এটা আপনার জন্য নয়। কিন্তু আপনাকে ধৈর্য সহকারে নিজেকে প্রশ্ন করতে হবে যে সবাই বড় শিল্পী হয়েছে , তাহলে আমি কেন বড় শিল্পী হতে পারব না ? এবং আপনাকে এই বিশ্বাস নিয়ে এগিয়ে যেতে হবে যে যাই হোক না কেন , আমাকে একজন অভিনেতা হতে হবে, আপনাকে যাই করতে হবে না কেন। শুধু নিজেকে অনুপ্রাণিত রাখা আপনাকে আপনার অভিনয় ক্যারিয়ারে সফল হতে সাহায্য করবে। তাই অনুপ্রেরণাই আপনার জন্য একমাত্র মন্ত্র। সমস্ত প্রত্যাখ্যানের পরে, আপনি নিজেকে অনুপ্রাণিত রাখার জন্য এবং একজন শিল্পী হওয়ার জন্য কী গুরুত্বপূর্ণ , তা জানা আপনার পক্ষে খুব গুরুত্বপূর্ণ হয়ে ওঠে। তাই নিচের বিষয়গুলো নিয়ে কাজ করা বা অনুশীলন করা আপনার জন্য প্রয়োজনীয় হয়ে পড়ে।

a. সংলাপগুলি মুখস্থ করার সময় যে কোনও শিল্পীর পক্ষে শক্তিশালী স্মৃতিশক্তি থাকা গুরুত্বপূর্ণ। একজন অভিনেতাকে অবশ্যই তার লাইনগুলি ভুল ছাড়াই মনে রাখতে হবে যাতে অন্য অভিনেতারা টিভি, চলচ্চিত্র, বিজ্ঞাপন-চলচ্চিত্রে অভিনয়ের জন্য তার সাথে প্রতিযোগিতা

করতে না পারে। মনে রাখবেন, অডিশনে একাধিক রি-টেকের সুযোগ থাকবে না।

b. একজন অভিনেতার স্ক্রিপ্ট কীভাবে পড়তে হয় তা জানা গুরুত্বপূর্ণ। চরিত্রটি কী বলছে, তার অনুভূতি, সময়, পরিবেশ ইত্যাদি মাথায় রেখে স্ক্রিপ্ট পড়তে হবে।

c. একজন শিল্পীর অবশ্যই পর্যবেক্ষণ করার ক্ষমতা থাকতে হবে। যখন আপনি দুজনকে একে অপরের সাথে কথা বলতে দেখেন, তখন আপনার মনোযোগ দেওয়া উচিত যে তারা কী ভাবে কথা বলছে , তারা কোন আবেগের সাথে কথা বলছে , তারা কোন শব্দের উপর জোর দিচ্ছে এবং একে অপরের সাথে কথা বলার প্রতিক্রিয়া কি?

d. যখন অভিনেতারা জানতে পারবেন কেন চরিত্রটি এভাবে কথা বলছে , তখনই তাদের পক্ষে একটি নির্দিষ্ট চরিত্র নির্ভুলতার সাথে অভিনয় করা সম্ভব।

e. সংক্ষেপে, জেনে রাখুন যে উচ্চারণ, পর্যবেক্ষণ শক্তি, স্ক্রিপ্ট রিডিং, কল্পনা শক্তি, কথাবার্তা, ভয়েস মড্যুলেশন, এক্সপ্রেশন, শারীরিক সুস্থতা এবং নমনীয়তা একজন ভাল শিল্পীর জন্য মৌলিক প্রয়োজনীয়তা।

2

দুই

অভিনয় সম্পর্কে শেখার আগে, আপনার কী অনুশীলন করা উচিত তা জানাও গুরুত্বপূর্ণ। অভিনয়ের জন্য আতঙ্কিত হওয়ার দরকার নেই, আপনাকে কিছু বিষয় গভীরভাবে বাস্তবায়ন করতে হবে। ভবিষ্যত শিল্পীদের জন্য কিছু কথা যাতে তারা অভিনয়কে তাদের জীবনে নিয়ে আসে বা কীভাবে তাদের মধ্যে লুকিয়ে থাকা শিল্প প্রদর্শন করা যায়:-

এখানে আমি ক্রমানুসারে কিছু পয়েন্ট উল্লেখ করছি , যেকোন দুই বা তিনটি, আপনাকে আপনার অনুশীলনে আনতে হবে এবং প্রতিদিন প্রয়োগ করতে হবে। আপনি দেখতে পাবেন যে প্রায় এক মাসে আপনার মধ্যে একটি আশ্চর্যজনক পরিবর্তন এসেছে এবং আপনি অভিনয়ের জন্য প্রস্তুত।

শিল্পী বা অভিনেতার জন্য প্রতিদিনের অনুশীলন-

• প্রতিদিন সকালে বা সন্ধ্যায় যখনই আপনার কাছে সময় থাকে আপনার ভয়েস লেভেল বাড়ানোর চেষ্টা করুন। মনে রাখবেন যে আপনি যখনই অনুশীলন করবেন, প্রতিদিন একই সময়ে করবেন।

• যেকোন অডিশন মনোলগ, যদি আপনি একটি মনোলোগ লিখতে সক্ষম হন তবে তা লিখে রাখুন, অথবা অন্য কারো লেখা একটি সংগ্রহ করুন এবং উচ্চস্বরে বলার অভ্যাস করুন।

• প্রতিদিন আট গ্লাস পানি পান করুন।

• প্রতিদিন আপনাকে কথোপকথনের সাথে আপনার মনোলোগ অনুশীলন করতে হবে এবং ক্যামেরা কৌশলের জন্য ক্যামেরায় রেকর্ড করতে হবে।

• প্রতিদিন হাঁটুন, ব্যায়াম করুন, সম্ভব হলে নাচ করুন, ব্যায়াম করুন।

• প্রতিদিন তিনজনকে শুধুমাত্র হ্যালো বলার জন্য বেছে নিন।

• সোশ্যাল মিডিয়ায় প্রতিদিন দুটি পোস্ট করুন।

• প্রতিদিন কিছু নতুন কাজের জন্য নিজেকে প্রস্তুত রাখুন।

• প্রতিদিন অনুপ্রেরণাদায়ক কিছু পড়ুন বা শুনুন।

অভ্যন্তরীণ অনুশীলন-

• নিজেকে ভালো মানুষের সংস্পর্শে রাখুন। সবার মধ্যে আপনাকে কী বিশেষ করে তোলে সেদিকে মনোযোগ দিতে ভুলবেন না।

• এমন শব্দগুলি লিখুন যা আপনাকে সবচেয়ে ভালভাবে বর্ণনা করে। বন্ধু এবং সহকর্মীদের জিজ্ঞাসা করুন তারা আপনাকে কীভাবে বর্ণনা করবে? তারপর উপরের দুটি বা তিনটি গুণ

বাছাই করুন এবং সেই শব্দগুলি বা বাক্যগুলি আপনার মনে রাখুন এবং সোশ্যাল মিডিয়ায় সর্বত্র পোস্ট করুন। তাই এখনই এটি করুন এবং এর মতো হয়ে উঠুন।

• একজন মানুষ হিসাবে শীর্ষ মানগুলি লিখুন এবং বিশেষ করে, "সংযোগ", ভালবাসা, স্বাধীনতা, সৃজনশীলতা, অবদান, স্বাস্থ্য এবং জীবনীশক্তি ইত্যাদির মতো শব্দগুলি লিখুন। এইগুলির একটি তালিকা তৈরি করুন এবং শুধুমাত্র সেরা পাঁচটি বেছে নিন।

• নিজেকে প্রশ্ন করুন, আপনি একজন অভিনেতা কেন? একজন অভিনেতা হওয়া কি আপনার সর্বোচ্চ মূল্যবোধকে সন্তুষ্ট করে? যদি তা না হয়, তাহলে আপনি কীভাবে আপনার অভিনয় ক্যারিয়ারকে আপনার মূল মানগুলির সাথে সারিবদ্ধ করতে পারেন?

• আপনাকে সর্বদা মনে রাখতে হবে যে যদি কখনও আপনার মনে আসে যে "আপনি অডিশন ঘৃণা করেন" বা "আপনি অডিশন দিতে চান না" অথবা অডিশনের বিরুদ্ধে এরকম কিছু, তাহলে আপনি ঠিক উল্টোটা করুন। পদ্ধতি নির্বাচন করুন, আপনি অডিশন পছন্দ করেন? কারণ আপনাকে আপনার লক্ষ্য অর্জন করতে হবে এবং এটি আপনার হৃদয়ের সাথে আপনি যা ভালোবাসেন তা একত্রিত করে বা আপনি দুর্দান্ত অডিশন দেন বা আপনি অডিশনের রাজা।

• আপনাকে হাজার বার নিজেকে প্রশ্ন করতে হবে সফলতা আসলে কেমন লাগে, অর্থাৎ আপনার চোখ কি ভাবে সফলতা দেখতে চায়? আপনার আকাঙ্ক্ষার কারণ কি? আপনার ইচ্ছার কারণ কি? ভাল বোধ করার জন্য অভ্যন্তরীণ অনুভূতি বা অনুমোদন প্রয়োজন?

• কাগজে আপনার তিনটি দক্ষতা এবং তিনটি লক্ষ্য লিখুন। লক্ষ্য মানে আপনার ক্যারিয়ারের লক্ষ্য, আর্থিক লক্ষ্য বা ব্যক্তিগত লক্ষ্য। এর জন্য, একটি পরিকল্পনা তৈরি করুন যার উপর প্রতিদিন সুচারুভাবে কাজ করুন।

• শুভ কাজে দেরি কেন? আজ আপনি নিজেই সিদ্ধান্ত নিন যে আপনি নেতিবাচক লোকদের থেকে দূরে থাকবেন এবং নেতিবাচক মানুষকে আপনার জীবনে আসতে দেবেন না। এমন একজনের থেকে দূরে থাকুন যে তাদের লক্ষ্য নিয়ে আচ্ছন্ন, বা যে আপনার শক্তিকে নেতিবাচকভাবে ব্যবহার করে।

• সবসময় হাসতে থাকুন। আপনি যতটা ভাবছেন ততটা কঠিন নয়। বাস্তবে, সবাইকে সাজতে হবে এবং সবাইকে খেলতে হবে।

অডিশন-

অডিশন আপনাদের কাজ এবং কাজ পাওয়ার একটি ভিত্তি। তাই আপনার ইচ্ছা অনুযায়ী আপনার কাজকে আরও বড় আকার দেওয়ার জন্য কিছু সমাধান দেওয়া হচ্ছে যা বুঝতে হবে:-

- নিশ্চিত করুন যে আপনি পরের অডিশনে যেতে শেষের চেয়ে আরও প্রস্তুত। সর্বদা আপনার কাজের শীর্ষে থাকতে, একজন প্রশিক্ষকের সাহায্য নিন। সর্বদা মনে রাখবেন যে নিজেকে গসিপে ব্যস্ত রাখার পরিবর্তে, আপনার ভবিষ্যতের কথা মাথায় রেখে একজন অভ্যন্তরীণ কোচের সাহায্যে আপনার অডিশনকে শক্তিশালী করার দিকে মনোনিবেশ করুন।

-অডিশন রুমে যাওয়ার আগে, অডিশন মনোলোগটি তিনবার পুনরাবৃতি করুন। কক্ষে প্রবেশের ঠিক আগে, একটি দীর্ঘ নিঃশ্বাস নিন এবং তারপরে রুমে যান এবং আপনার অডিশনের সাথে কক্ষে অডিশনরত কর্তৃপক্ষকে জয় করুন।

-সর্বদা আপনার জীবনবৃত্তান্ত এবং অডিশন বই এবং তিনটি ছবি সঙ্গে রাখুন। অডিশনের সময় যদি আপনাকে কিছু পড়তে বলা হয় তবে বইটি দেখুন এবং পড়ুন।

- অডিশনে উপস্থিত কর্তৃপক্ষ যা বলে তার প্রতি মনোযোগ দেওয়া আপনার জন্য গুরুত্বপূর্ণ। কখনও কখনও অডিশনারও পরীক্ষা করে দেখেন যে প্রার্থী তার নির্দেশ পালন করছেন কি না।

- অডিশনের পরপরই একটি অডিশন নোট প্রস্তুত করার কথা মনে রাখাও গুরুত্বপূর্ণ। যেমন, আপনি যা পড়েছেন তা লিখুন, ঘরে কে-কে ছিলেন? আপনার কি আপনার বিষয় সম্পর্কে কোন নোট আছে, বা টেবিলের পিছনে বসে থাকা লোকেরা কি উল্লেখযোগ্য কিছু বলেছে? এইভাবে, যখন আপনাকে একটি অডিশনের জন্য আবার ডাকা হবে তখন আপনি জানতে পারবেন আপনার ইতিমধ্যে কতটা কর্তৃত্ব রয়েছে।

- সবসময় নিজেকে সৃজনশীল রাখতে হবে। আরও ভালো হয় যদি আপনি নিজে অডিশন মনোলোগ লিখতে পারেন। আপনি আপনার সুবিধা অনুযায়ী অডিশন ক্লাসে অংশগ্রহণ করতে পারেন।

আপনার ভেতরের শিল্পীকে সন্তুষ্ট করুন-

• আপনি যখন অভিনয়ে আগ্রহী হন, আপনি যতই ব্যস্ত থাকুন না কেন, আপনার অভিনয় দক্ষতা কখনই ভুলে যাবেন না কারণ আপনাকে সেরা অভিনেতা হতে হবে। তোমার মধ্যে অভিনয়ের প্রদীপ জ্বালিয়ে রাখো। আপনার ভেতরের শিল্পীকে সবসময় সন্তুষ্ট ও খুশি রাখুন।

• আপনি যে সিনেমা দেখতে পছন্দ করেন তার জন্য টিকিটের পুরো মূল্য খরচ করুন। আপনার সিনেমা বা থিয়েটার দেখা একজন শিল্পী হওয়ার একটি অংশ।

• আপনি এইমাত্র যে মুভিটি দেখেছেন তাতে কোন চরিত্রটি আপনার জন্য উপযুক্ত, বাড়িতে এসে একই অনুশীলন করুন।

• আপনার মনের কোণে সর্বদা একটি প্রদীপ জ্বালিয়ে রাখুন যে আপনি অনন্য প্রতিভার মালিক এবং অন্য সবার থেকে আলাদা। আপনি এই পৃথিবীতে এসেছেন যাতে আপনি আপনার অভিনয় ক্ষমতা এবং আপনার আলো দিয়ে পৃথিবীকে যতটা সম্ভব আলোকিত করতে পারেন। এটা সম্ভব যে আপনার সামনে এমন একটি সময় আসতে পারে, যখন লোকেরা আপনার প্রতিভাকে উপেক্ষা করবে, তখন আপনি মোটেও হতাশ হবেন না এবং কখনও প্রশ্ন করবেন না যে আপনার প্রতিভা আছে, একজন শিল্পীর যা আছে তা আপনার কাছে আছে এবং আপনিই যথেষ্ট।

3

তিন

চরিত্র গঠন

এটিই একজন সত্যিকারের দুর্দান্ত অভিনেতা করে তোলে।

আপনার জন্য এটি জানা খুব গুরুত্বপূর্ণ যে সেই বিশেষ জিনিসগুলি কী যা আপনাকে একজন অভিনেতা হিসাবে দুর্দান্ত করে তোলে? আপনার প্রদও চরিত্রটিকে জীবন্ত করার জন্য আপনাকে কী করতে হবে যাতে চরিত্রটি কথা বলতে পারে এবং ত্রিমাত্রিক ব্যক্তিত্ব হিসাবে উপস্থিত হতে পারে?

এ জন্য চরিত্রে অভিনয়ের আগে নিচের প্রশ্নের উত্তর দিয়ে চরিত্র তৈরি করতে হবে।

1. আমি কে?

2. আমি কোথায়?

3. এটা কখন?

4. আমি কোথা থেকে এসেছি?

5. আমি কি চাই?

6. কেন আমি এটা চাই?

7. আমি এখন এটা কেন চাই?

8. এখন পাওয়া না গেলে কি হবে?

9. আমি যা চাই তা পেতে আমাকে কি করতে হবে?

10. আমি এর জন্য কাকে জিততে পারি?

1. আমি কে?

প্রথম প্রশ্ন হল "আমি কে"? তাই, নিজেকে প্রশ্ন করতে হবে আপনি কে? আপনি কেমন মানুষ, যখন আমি আপনাকে একটি প্রশ্ন করি আপনি অবিলম্বে নিজের সম্পর্কে, নিজের সম্পর্কে কথা বলতে শুরু করেন। আপনার বাবা-মা, ভাইবোন, দাদা-দাদির মতো। আপনি যে বাড়িতে থাকেন এবং বড় হয়েছেন সে সম্পর্কে। আপনার শৈশব সম্পর্কে, খেলাধুলা সম্পর্কে, আপনার শিক্ষা সম্পর্কে, আপনার প্রথম চাকরি সম্পর্কে, আপনার পছন্দ-অপছন্দ সম্পর্কে, আপনার মনোভাব সম্পর্কে।

এই সব ভালো, খারাপ, মজা, বিনোদনমূলক অভিজ্ঞতা আজ আপনাকে দেবে।

এসবই আমাদের অস্তিত্বে, আমাদের অবচেতনে প্রবেশ করেছে। বাস্তব জীবনে শুধু আপনি এই জিনিস সম্পর্কে জানেন।

আপনি যখন একটি থিয়েটার বা টিভি চলচ্চিত্রে একটি চরিত্রে অভিনয় করেন, তখন অস্তিত্ব এবং বেঁচে থাকার জন্য আপনাকে নিজেকে এবং আপনার চরিত্রকে জানতে হবে। এটা কি স্বয়ংক্রিয়ভাবে ঘটবে নাকি জোর করে? আপনি কিভাবে একটি চরিত্র তৈরি করবেন?

একটি ভাল স্ক্রিপ্ট আপনাকে চলচ্চিত্র বা নাটকের চরিত্র সম্পর্কে প্রাথমিক ধারণা দেয়। যার মাধ্যমে আপনি আপনার চরিত্র সম্পর্কে তথ্য পাবেন এবং অন্যান্য চরিত্রগুলি আপনার সম্পর্কে কী ভাবছে, তারা কী বলে এবং তারা আপনার সাথে কেমন আচরণ করে। প্রতিটি স্ক্রিপ্ট বের করে একটি নোট বইয়ে আলাদাভাবে লিখতে হবে।

এরপরে, আপনাকে ইতিহাস, রাজনীতি, সঙ্গীত, শিল্প, সাহিত্য, ধর্ম এবং সেই সময়কালের খাদ্যাভ্যাস নিয়ে গবেষণা করতে হবে যেখানে চরিত্রটি বেঁচে ছিল বা থাকবে। মানুষ কিভাবে বসবাস করত, তাদের প্রভাব কি ছিল এবং তারা কারা ছিল? আপনার গবেষণা যত বেশি সুনির্দিষ্ট হবে, চরিত্রটি তৈরি/বুঝতে আপনার পক্ষে তত সহজ হবে।

অবশেষে, চরিত্র সৃষ্টিতে, চরিত্র নির্মাণ সহজ হয়ে যায় যখন আপনি গবেষণার মাধ্যমে স্ক্রিপ্ট থেকে সমস্ত তথ্য পান। এখন আপনার কাছে থাকা সমস্ত তথ্য ব্যবহার করতে হবে এবং চরিত্রটি বের করতে আপনার কল্পনাশক্তি ব্যবহার করতে হবে। দেখুন, অভিনয় প্রক্রিয়ায় আপনার কল্পনাশক্তি অনেক কাজ করে। যতক্ষণ না আপনি নিষ্কাশিত ডেটা ব্যবহার, পড়া বা ব্যাকআপ না করেন ততক্ষণ আপনি আপনার কল্পনা ব্যবহার করতে পারবেন না। শুধু আপনার কল্পনায় অভিনয় করা সম্ভব নয়।

2. আমি কোথায়?

আপনি যে চরিত্রে অভিনয় করেন তা কোথায় থাকে? ঘরে, কুঁড়েঘরে, প্রাসাদে, রাস্তার ধারে বা ভাড়া বাড়িতে, লিপি (স্ক্রিপ্ট) থেকে সব তথ্য বের করতে হবে? চরিত্রটি যেখানে বাস করে তার চারপাশের পরিবেশ কেমন? ঘরে যা পাওয়া যায় তা নিয়েও পড়াশোনা করতে হয়।

3. এটা কখন?

প্রশ্নের উত্তর দেওয়ার জন্য, আপনাকে দেখতে হবে যে চরিত্রটি কোন বছর, সময়, সময়কাল, ঋতুতে সেট করা হয়েছে। আপনি আধুনিক সামগ্রীতে দ্বিতীয়বার আনতে পারবেন না। আপনার চরিত্রটিও এই বোঝার সাথে প্রস্তুত করা উচিত।

4. আমি কোথা থেকে এসেছি?

আপনি যে চরিত্রটি অভিনয় করছেন তা কোথা থেকে আসছে তা জানতে স্ক্রিপ্টটি দেখুন। চরিত্রটা কি করছে? চরিত্রটি কোথা থেকে আসছে তা অবশ্যই জানতে হবে। তার মেজাজ কেমন? মেজাজ খুব গুরুত্বপূর্ণ। আপনি যখন ক্যামেরায় প্রবেশ করেন, তখন মনে হয় না যে আপনি কাছাকাছি দাঁড়িয়ে আছেন এবং পরিচালক বলেছেন তাই আপনি প্রবেশ করছেন। এর জন্য আপনাকে চরিত্রের মেজাজ ধরতে হবে, সে কোথা থেকে আসছে, তার চলা-ফেরা কেমন হওয়া উচিত? যদি এই তথ্য স্ক্রিপ্টে দেওয়া থাকে তবে এটি জানুন, বা পরিচালক যদি আপনাকে বলেন তবে এটি জানুন বা আপনি নিজেই পরীক্ষা করতে পারেন। তবে এটি নিজে পরীক্ষা করা ভাল। যার কারণে আপনি সমর্থন পাবেন এবং আত্মবিশ্বাসও বাড়বে।

5. আমি কি চাই?

এটি একটি গুরুত্বপূর্ণ প্রশ্ন। আপনি কি চান, মানে আপনার চরিত্রের উদ্দেশ্য কি? সে কি মনে করে? তার প্রেরণা কি, তার উদ্দেশ্য কি? আপনি কি করতে চান তা আপনাকে সর্বদা সিদ্ধান্ত নিতে

হবে। আপনি যখন একটি দৃশ্যে ক্যামেরার সামনে অভিনয় করেন, অন্য দৃশ্যে অভিনয় করার সময় থেকে উদ্দেশ্য ভিন্ন হতে পারে।

আপনি কি করতে চান তা আপনার সর্বদা সিদ্ধান্ত নেওয়া উচিত। ভুলে যাবেন না যে আপনি প্রকৃত হওয়ার চেষ্টা করছেন, যা আপনার শরীরের ভাষাতে প্রতিফলিত হওয়া উচিত।

৬. কেন আমি এটা চাই?

চলচ্চিত্রে আপনি যে চরিত্রেই অভিনয় করুন না কেন, তার জন্য একটি শক্তিশালী প্রেরণা থাকা উচিত। বাস্তব জীবনে আপনি যা করছেন তার জন্য আপনার কাছে দৃঢ় ন্যায্যতা নাও থাকতে পারে, তবে বিশেষত চলচ্চিত্রগুলিতে, আপনার সর্বদা একটি প্রেরণা থাকতে হবে। কিছু চলচ্চিত্রের গল্পে বাস্তবতার উপাদান থাকতে পারে। এটি কাল্পনিক এবং প্রাকৃতিক গল্প উপস্থাপনা থেকে পরিবর্তিত হতে পারে। এই প্রস্তুতির জন্য, প্রশ্ন করা উচিত আপনি কেন এটি চান? এবং এর জন্য আপনার একটি শক্তিশালী প্রেরণা থাকতে হবে।

৭. আমি এখন এটা কেন চাই ?

এখন...অবিলম্বে... এক্ষুনি , এই সবই আপনাকে তাৎক্ষণিক চাহিদার অভিব্যক্তি দেয়। এটি "এখন" জন্য গুরুত্বপূর্ণ, অভিনয় এবং ক্যামেরার সামনে অভিনয়। আচ্ছা, একটু ভেবে দেখুন, এখনই কেন? কেন পরে না আগে? আপনি দেখতে পাবেন যে প্রয়োজন এখন, তাই এখন। এখন যেহেতু আপনি জানেন "কেন আপনি এটি চান", একবার আপনি কেন এটি চান তার সূত্রটি পেয়ে গেল, এটি পরে বা আগে পাওয়ার কোনও উল্লেখ নেই। চাহিদা থাকবে শুধু এখন আর আপাতত, সেজন্যই এখন দরকার।

৪. এখন পাওয়া না গেলে কি হবে?

বাজির মর্যাদা বা আপনার বাজি সবসময় উষ্ণ হওয়া উচিত। কারণ আপনি যা চান তা পাওয়ার ফলাফল খুবই গুরুত্বপূর্ণ। যদি শুটিংয়ের সময় বা স্ক্রিপ্টে উষ্ণ বাজি আপনার কাছে বোঝা না যায় বা স্পষ্ট না হয় তবে আপনাকে অবশ্যই সেগুলি আবিষ্কার করতে হবে , অন্যথায় ফলাফলটি হবে এটি হবে যে আপনি ফলাফল সম্পর্কে মোটেও চিন্তা করেন না । এমনকি এটি নিয়ে মাথা ঘামাতে পারেন না । ফলস্বরূপ, আপনার সমস্ত প্রচেষ্টা বৃথা।

৯. আমি যা চাই তা পেতে আমাকে কী করতে হবে?

দেখুন, ভালো করে বুঝে নিন। আপনি যখন স্ক্রিপ্টটি পড়ছেন, তখন আপনাকে মনোযোগ দিতে হবে যে স্ক্রিপ্টটি কীভাবে ভেঙে যায়, সংলাপের শব্দগুলি পরিবেশ অনুসারে, অন্য অভিনেতার ডায়ালগ ডেলিভারি অনুসারে, অর্থাৎ আপনাকে সংলাপগুলি নিয়ে খেলতে হবে, অর্থাৎ আপনার ডেলিভারি কেমন হওয়া উচিত.. একবার আপনি "আমি কি চাই ?" (প্রশ্ন ৫) সিদ্ধান্ত নেওয়ার পরে, আপনাকে একটি ছোট পদক্ষেপে কাজ করতে হবে। যাকে আপনি কার্যকলাপও বলতে পারেন। আপনার অ্যাকশন এমন হবে যে আপনি যে সংলাপ বলছেন তা দিয়ে আপনি কী ভাবে অন্য অভিনেতা কে প্রভাবিত করার চেষ্টা করছেন।

একে বলা হয় "অ্যাকশন নেওয়া"। তার মানে আপনি আপনার স্ক্রিপ্টকে টুকরো টুকরো করে ফেলুন। যতবার আপনি লাইনগুলি পড়বেন, আপনার চিন্তাধারায় একটি নতুন পরিবর্তন সম্ভব। মানে আপনার মধ্যে একটি ইতিবাচক ক্রিয়া তৈরি হয়। এটি সহানুভূতি, আকর্ষণ বা অন্য কোনো ধরনের ক্রিয়াকলাপ হতে পারে। যা মনে রাখা দরকার তা হল এই প্রযুক্তিটি অন্য ব্যক্তিকে একটি আবেগ অনুভব করতে চায় এবং তাও একটি মনস্তাত্ত্বিক উপায়ে। এই ধরনের ছোট ছোট

কর্মকাণ্ডের মাধ্যমে আপনি আপনার ভেতরের অভিনেতাকে গড়ে তোলার চেষ্টা করছেন।

তাই, আপনাকে ভাবতে হবে, অন্যদের প্রভাবিত করার জন্য আমার কী করা উচিত? এ জন্য সবার আগে জানতে হবে আপনি কার চরিত্রে অভিনয় করছেন? এবং তারপরে আপনার সক্রিয় কর্মের অনুভূতি যাই হোক না কেন, এটি আপনার চরিত্রের পছন্দ দ্বারা অবহিত করা উচিত, আপনার ব্যক্তিত্বের পছন্দ নয়।

আমি বলতে চাচ্ছি, আপনার চরিত্রটি একজন স্বাধীন, মুক্ত, সংবেদনশীল যুবকের এবং আমাকে সংলাপ বলতে হবে 'তুমি আমাকে বোঝ না, এমনকি আমার ব্যক্তিত্বও না'। তাহলে আপনার কর্মফলের সংকল্পও উপরে বর্ণিত বৈশিষ্ট্যের সাথে সম্পর্কিত হবে।

যদি একটি বিকল্প আপনার জন্য কাজ না করে, আপনি আপনার পছন্দ পরিবর্তন করতে পারেন.

এই ধরনের প্রক্রিয়াটিকে "স্কোরিং" বলা যেতে পারে। কেন স্কোরিং? খুঁজে বের করার জন্য, চলুন একটু গিয়ার সুইচ করি এবং আপনাকে মিউজিশিয়ান এবং গায়কের দিকে আকৃষ্ট করি। একজন মিউজিশিয়ান বা গায়ক যেমন একটি গান গাইতে বা বাজাতে জানতে তার বা তার স্কোরের উপর নির্ভর করে, ফিল্মে, একজন অভিনেতা কীভাবে একটি দৃশ্যে অভিনয় করছেন তা নির্ভর করে এবং তার স্কোরিংয়ের উপর নির্ভর করে।

নিখুঁত ক্রিয়াগুলি খুঁজে পেতে প্রাথমিকভাবে সময় লাগে, কিন্তু একবার আপনি সেগুলি পেয়ে গেলে এবং রিহার্সালে পরীক্ষা করলে, আপনি কেবল আপনার কর্মক্ষমতাকে রূপ দিতে পারবেন না বরং আরও গভীরে যেতে পারবেন।

এই কৌশলটি আপনাকে বাইরের আবেগ দ্বারা প্রভাবিত না হয়ে মুক্ত এবং সত্যবাদী হতে দেয়। আপনি যা বলছেন তা আসলেই গুরুত্বপূর্ণ নয়, তবে এটি গ্যারান্টি দেয় যে ক্রিয়াগুলি শব্দের চেয়ে জোরে কথা বলে।

10. আমি এর জন্য কাকে জিততে পারি?

আপনি যখন চরিত্রের জন্য প্রস্তুতি নিচ্ছেন, তখন স্ক্রিপ্ট পড়া এবং চরিত্র তৈরি করতে দুই ধরনের বাধার সম্মুখীন হতে হবে। একটি বাহ্যিক এবং একটি অভ্যন্তরীণ।

এখন আপনি জানতে চান এই বাধাগুলো কি? এবং কিভাবে তাদের মোকাবেলা করতে? প্রতিটি অভিনেতার সবসময় একটি অভ্যন্তরীণ এবং একটি বাহ্যিক সীমাবদ্ধতা থাকে। বাহ্যিক বাধাগুলি হল আপনার চরিত্রের ক্রিয়া/কর্মের প্রতিরোধ/প্রতিবন্ধকতা (প্রতিপক্ষ/অন্যান্য চরিত্র)। অভ্যন্তরীণ দ্বন্দ্ব হল আপনার চরিত্রের অভ্যন্তরীণ দ্বন্দ্ব, যা আপনাকে সবসময় একটি দৃশ্যে নির্ধারণ করতে হবে, যদিও এর রূপ পরিবর্তিত হতে পারে। চরিত্রটি অভিনয় করার সময় অভিনেতাকে অবশ্যই একটি বাধার সম্মুখীন হতে হবে যা তিনি অতিক্রম করার চেষ্টা করতে পারেন।

যদি আপনার চরিত্রটি জীবনে নিজের সম্পর্কে চিন্তা করে তবে আপনার চরিত্র কখনই অভ্যন্তরীণ বাধাবিহীন হয় না।

আপনি অবশ্যই মঞ্চে বা পর্দায় এমন দৃশ্য দেখেছেন যেখানে অভ্যন্তরীণ প্রতিবন্ধকতা দূর হয়নি বা উঠে আসেনি। আপনি অনুভব করতে পারেন যে অভিনেতারা অত্যধিক চিৎকার করে, অতিরিক্ত আবেগপ্রবণ এবং কখনও কখনও আক্রমণাত্মক ভঙ্গিও করে। যদি কোনও অভ্যন্তরীণ বাধা থাকে, যেমন রাগ, ভয় বা ঘৃণা, তাহলে দৃশ্যে আপনার অনেক লড়াই করতে হবে। অনেক বেশি আকর্ষণীয়।

অভিনেতারা মনে করতে পারেন যে তারা প্রশিক্ষণ ছাড়াই করতে পারেন। কিন্তু আপনি যদি অপ্রশিক্ষিত অভিনেতাদের সাথে কাজ করে থাকেন যারা তাদের চেহারার উপর ভিত্তি করে একটি সিনেমা বা টিভি সিরিজে কাজ পেয়েছেন, আপনি হয়তো লক্ষ্য করেছেন যে তারা প্রথম গ্রহণে যা করতে পেরেছিলেন তা পুনরুত্পাদন করতে হয়েছিল। তিনি সংগ্রাম চালিয়ে গেলেন কিন্তু তিনি পারতেন না, ফলাফল রিটেকের পর রিটেক হবে এবং তারপর তাকে শেষ পর্যন্ত চরিত্র ছেড়ে দিতে হবে?

প্রাকৃতিক ক্ষমতা আপনাকে এতদূর নিয়ে যাবে, তবে শুধুমাত্র একজন প্রশিক্ষিত অভিনেতাই জানেন যে তারা কী করছেন এবং কীভাবে তারা এটি করছেন এবং কীভাবে আবেগ তৈরি করবেন।

নিজেকে সম্পূর্ণরূপে একটি চরিত্রে রূপান্তরিত করতে, বাস্তবতার সাথে সংযুক্ত থাকতে কঠোর পরিশ্রম, কৌশল, ভাল দিকনির্দেশনা প্রয়োজন। কিন্তু দর্শকরা এর কিছুই দেখতে পায় না, অভিনেতার প্রচেষ্টা, এবং যদি তারা এটি দেখে তবে তারা কেবল ত্রিমাত্রিক চরিত্রটি দেখে, সেই মুহূর্তের সত্যে পুরোপুরি উপলব্ধি করে।

একজন অভিনেতাকে কী সত্যিই মহান করে তোলে?

দুর্দান্ত অভিনয়, দুর্দান্ত লেখার মতো, পছন্দ এবং দেখার শক্তি এবং ইচ্ছা রয়েছে, প্রায়শই দর্শকের (শ্রোতাদের) চোখে পড়ে, তবে দর্শকরা প্রায় সবসময়ই জানেন যে তারা বিশেষ কিছুর উপস্থিতিতে আছেন। পর্দা এবং টিভিতে প্রতিভা যথেষ্ট হতে পারে, কিন্তু অপ্রশিক্ষিত অভিনেতারা প্রায়ই মঞ্চে খারাপ অভিনয় করে। এমন পারফরম্যান্স যা দর্শকদের মোহিত করে, যেখানে প্রবৃত্তি এবং কৌশল উভয়ই নিখুঁত ভারসাম্যপূর্ণ; তারা প্রতিবাদও করে; বিসর্জন এবং নিয়ন্ত্রণের মিশ্রণ যখন জ্বলে, তখন যা ঘটে তা রসায়নের মতোই রহস্যময়। সিনেমা বা থিয়েটার গর্জে ওঠে। এটি দর্শকদের রোমাঞ্চিত করে এবং এটি অবশ্যই আপনাকে এরিক বেন্টলির থিসিসের দিকে ফিরিয়ে আনে যে "থিয়েটারের উদ্দেশ্য হল দুর্দান্ত অভিনয় করা"।

এটা এমন যে আপনি একজন অভিনেতাকে সময়মতো সংলাপ দিতে শেখাতে পারেন, আপনি তাদের বোঝাতে পারেন, আপনি তাদের রূপরেখা দিতে পারেন যা তাদের ঝুঁকি নিতে দেয়, কিন্তু আপনি তাদের আত্মার সাথে যোগাযোগ করতে শেখাতে পারেন না। এটি কেবল তাঁর নিজের প্রচেষ্টা এবং আধ্যাত্মিক অনুভূতির মাধ্যমেই সম্ভব যা তিনি নিজেই অনুভব করতে পারেন। এই এবং এই একা সব মহান অভিনেতা বিশেষ করে তোলে. প্রয়াত দিলীপ কুমার, প্রয়াত রাজেশ খান্না, অক্ষয়, অমিতাভ বচ্চন, প্রয়াত মধুবালা এবং আজকাল শাহরুখ খানের মতো অভিনেতারা এর উদাহরণ।

4

চার

অভিনয় বা অভিনয় শুরু করুন

(Start of Performance / Acting)

যখনই পরিচালক ফিল্মের স্ক্রিপ্ট রিহার্সালের জন্য ডাকেন, একজন অভিনেতাকে সর্বদা সময়ের পাঁচ মিনিট আগে বা যথাসময়ে পৌঁছাতে হবে যাতে পরিচালক উপস্থিতি অনুসারে চরিত্রগুলি সম্পর্কে আপনার সাথে আলোচনা করতে পারেন এবং আপনি চরিত্রের চাহিদা অনুযায়ী অভিনয় করতে পারেন। চলচ্চিত্রের স্ক্রিপ্ট। চরিত্র সম্পর্কে বলতে এবং মহড়া দিতে পারে।

A. শিল্পী, অভিনয়, শিল্প :

1. একজন ভালো অভিনেতা চরিত্রে অভিনয় করুক বা না করুক, তাকে অবশ্যই অবচেতনের দ্বারা সঠিক পথে পরিচালিত হতে হবে। কিন্তু অবচেতন ধ্বংস না হলে চরিত্র নিয়ন্ত্রণ অসম্ভব।

2 অভিনেতাকে অবশ্যই তার ভূমিকা বা অংশ বা চরিত্র যাপন করতে হবে। প্রতিটি অভিনেতাকে অবশ্যই চরিত্রের মধ্যে আবেগ অনুভব করতে হবে কারণ প্রতিবার আপনাকে এটি তৈরি করার প্রক্রিয়াটি পুনরাবৃত্তি করতে হবে।

3. প্রথমে আপনার ভূমিকা সম্পর্কে মনোযোগ সহকারে চিন্তা করুন এবং তারপর আপনার উপকারের জন্য এটি সততার সাথে পালন করুন। মূল উদ্দেশ্য অর্জনে সাহায্য করার জন্য অভিনেতা দ্বারা একটি মানসিক কৌশল হিসাবে নিযুক্ত হতে পারে। অভিনেতা এটিকে এভাবে দেখতে পারেন – "অভিনেতাকে চরিত্রের সাথে নিজেকে সংযুক্ত করতে হয় বা চরিত্রকে আত্তীকরণ করতে হয়, অর্থাৎ তাকে চরিত্রের আবেগ এবং সেই সাথে চরিত্রের প্রয়োজনগুলিকে মনস্তাত্ত্বিক কৌশল ব্যবহার করে শৈল্পিক আকারে প্রকাশ করতে হয়।

4. অভিনেতা যখন ব্যবহারিক এবং মনস্তাত্ত্বিক দৃষ্টিকোণ থেকে চরিত্রটিকে মানসিকভাবে প্রস্তুত করেন, তখন এটির উপর একটি শরীর চাপিয়ে দেওয়া প্রয়োজন হয়ে পড়ে। এখন এভাবেই চরিত্রটি দেখতে শুরু করেন অভিনেতা নিজেই।

B. অভিনয় শিল্পকে কীভাবে উপস্থাপন করবেন:

1. যেকোনো ভূমিকার জন্য প্রাথমিক প্রস্তুতি ভালো এবং সত্য হওয়া উচিত যাতে যতবারই ভূমিকা করা হোক না কেন, কোনো পরিবর্তন ছাড়াই তার অভিনয় একই রকম থাকে।

2. আয়না দিয়ে অনুশীলন করার সময় অভিনেতাদের সতর্ক হওয়া দরকার। সাবধান, কারণ আয়না শুধু বাইরে দেখতে শেখায়, ভিতরে নয়।

3. যান্ত্রিক অভিনয়: যান্ত্রিক অভিনয়ের জন্য, চরিত্রের কাছাকাছি থাকা এবং তাকে ভালভাবে পর্যবেক্ষণ করা খুবই গুরুত্বপূর্ণ। ঠিক যেমন প্রতিশোধের অনুভূতি জাগলে মুষ্টি আপনা আপনি চেপে যায়। কৃষক কঠোর পরিশ্রম করার সময় মাথা রাখে। মুছে ফেলার জন্য ঘাম, তিনি স্বতঃস্ফূর্তভাবে গামছাটি তার মুখে নিয়ে যান বা মাঠে/মাটিতে থুতু দেন। সামরিক কর্মীরা অভিবাদন করার সময় তাদের হিল চাপেন বা যখন একজন অভিনেতা প্রেম প্রকাশ করেন, তখন তিনি হাততালি দেন, হৃদয়ে রাখে ইত্যাদি।

4. ওভার-অ্যাক্টিং: যখন একজন অভিনেতা ক্যামেরায় বা মঞ্চে দর্শকদের সামনে উপস্থিত হন এবং রাবার স্ট্যাম্প বা স্টেরিওটাইপের মতো অভিনয় শুরু করেন, তখন এটি সরাসরি তার মনের সাথে সম্পর্কিত। সে চরিত্র না বুঝেই অভিনয় শুরু করে, যাকে বলে ওভার অ্যাক্টিং। অতিরিক্ত অভিনয় চরিত্র নষ্ট করে।

এই কারণেই একজন অভিনেতাকে কখনই নিজেকে বাহ্যিকভাবে চিত্রিত করার চেষ্টা করার অনুমতি দেওয়া উচিত নয় কারণ অভিনেতা অভ্যন্তরীণভাবে চরিত্রটি অনুভব করেননি যা এমনকি প্রয়োজনীয়ও নয়। স্টেরিওটাইপের ভিত্তিতে চরিত্র নির্মাণ সম্ভব নয়।

5. একজন অভিনেতা বা শিল্পীর জন্য কয়েকটি বিষয়ে সচেতন হওয়া খুবই গুরুত্বপূর্ণ। চলচ্চিত্র তার প্রচার ও প্রসারের মাধ্যমে অনেক মানুষকে আকৃষ্ট করে। তারা বিকৃত রুচি, ষড়যন্ত্র, মিথ্যা সাফল্য বা আরও অনেক পদ্ধতির মাধ্যমে মানুষের সুবিধা নেয়।

মজার ব্যাপার হলো, এর সঙ্গে সৃজনশীলতা বা অভিনয়ের কোনো সম্পর্ক নেই। এ ধরনের ব্যক্তিরা পরবর্তীতে অভিনয় বা যেকোনো শিল্পে পারদর্শী হতে চান।

শত্রু হয় তাদের উন্নতিও করা যায় না, তাই এই ধরনের লোকদের বিরুদ্ধে কঠোর ব্যবস্থা নেওয়া উচিত এবং তাদের প্রকল্প থেকে বের করে দেওয়া উচিত।কারণ এই ধরনের লোকেরা ফিল্ম ইন্ডাস্ট্রিকে নোংরা করে, যার কারণে এগিয়ে আসা মানুষ বা তাদের পরিবার ক্ষতিগ্রস্ত হতে পারে। এটি বিশেষ করে নারী/মেয়ে বা মহিলা অভিনেত্রীদের প্রভাবিত করে। তাদের পরিবার, তাদের সিনেমা শিল্পে প্রবেশ করতে দেয় না।

6. একজন শিল্পী বা অভিনেতাকে অবশ্যই তার মন তৈরি করতে হবে যে তিনি অভিনেতা হিসাবে শিল্পকে পরিবেশন করতে চান বা নিজের জন্য চলচ্চিত্র শিল্পে প্রবেশ করতে চান।

এখন আমি আপনাকে যা বলতে যাচ্ছি তা ভাল করে মনে রাখবেন।

থিয়েটার, তার প্রচার এবং দর্শনীয় দিকগুলির কারণে, অনেক লোককে আকর্ষণ করে। যারা কেবল তাদের সৌন্দর্যকে পুঁজি করে বা ক্যারিয়ার গড়তে চায়। তারা জানে যে অজ্ঞতা, এর বিকৃত রুচি, কুসংস্কার, ষড়যন্ত্র, মিথ্যা সাফল্য এবং আরও অনেক পদ্ধতির সাথে সৃজনশীল শিল্পের কোন সম্পর্ক নেই।

এই শোষকরা শিল্পের সবচেয়ে মারাত্মক শত্রু। তাদের বিরুদ্ধে আমাদের কঠোর ব্যবস্থা নিতে হবে এবং তাদের উন্নতি করতে না পারলে বোর্ড থেকে তাদের সরিয়ে দিতে হবে। সুতরাং... আপনাকে অবশ্যই একবার এবং সর্বদা আপনার মন তৈরি করতে হবে, আপনি কি এখানে শিল্প পরিবেশন করতে এবং এর জন্য ত্যাগ স্বীকার করতে এসেছেন, নাকি আপনার নিজের স্বার্থ থেকে উপকৃত হতে?

এই শোষকরা শিল্পের সবচেয়ে বড় শত্রু। তিনি যদি চলচ্চিত্র শিল্পের উন্নতি করতে ব্যর্থ হন তবে আমাদের উচিত তার বিরুদ্ধে কঠোর ব্যবস্থা নেওয়া এবং তাকে বোর্ড থেকে সরিয়ে দেওয়া।

তাই...আপনাকে সিদ্ধান্ত নিতে হবে যে আপনি এখানে শিল্প পরিবেশন করতে এবং শিল্পের প্রতি নিবেদিত, নাকি আপনার নিজের স্বার্থের জন্য লাভ করতে এসেছেন?

C. কল্পনা

1. অভিনেতাকে তার কল্পনাশক্তি ব্যবহার করে সমস্ত প্রশ্নের (কখন, কোথায়, কেন, কীভাবে) উত্তর দিতে হবে। একজন শিল্পী যদি তার আবেগকে বাস্তবের জগৎ থেকে কল্পনার রাজ্যে নিয়ে যাওয়ার জন্য একটি লিভার হিসাবে কাজ করতে চান তবে তাকে তা করতে হবে তবে বোঝার সাথে।

2. যদি একজন অভিনেতা চরিত্রটি না জেনে (তিনি কে, তিনি কী করছেন, কীভাবে তিনি সেখানে এসেছেন ইত্যাদি)শুটিং ফ্লোরে বা মঞ্চে কিছু করেন তবে অভিনেতা তার কল্পনা থেকে অভিনয় করছেন, তাই এটি ব্যবহার করা উচিত নয়। কেউ যদি জিজ্ঞেস করে "বাইরে কি গরম?" আপনি উত্তর দেওয়ার আগে "মনে রাখবেন" যে আপনি যখন বাইরে ছিলেন - পরিবেশ, কেমন লাগছিল? সেই অনুযায়ী চরিত্রে প্রবেশ করুন।

D. মনোযোগের ঘনত্ব

1. একজন অভিনেতাকে অবশ্যই মঞ্চ বা শুটিং ফ্লোরে মনোযোগ দিতে হবে। শুটিংয়ের সময় ভিড়ের দিকে মনোযোগ দেওয়া উচিত নয়। একইভাবে মঞ্চে অভিনেতার মনোযোগ থাকতে হবে।

2. জনসাধারণের মধ্যে একাকীত্ব:

একজন অভিনেতা যখন পাবলিক প্লেসে থাকে, যেমন মঞ্চে বা ফিল্ম ইন্ডাস্ট্রির লোকেদের মধ্যে বা শুটিং ফ্লোরে, টেকনিশিয়ান এবং কলাকুশলীদের মধ্যে, অভিনেতাকে তার চারপাশে একটি মনোযোগের বৃত্ত তৈরি করতে হবে এবং শুধুমাত্র অভিনেতা তার দিকে মনোনিবেশ করতে পারেন। সংলাপ মনোনিবেশ করতে পারে এবং এইভাবে তার চরিত্রগুলিকে বাঁচাতে পারে।

3. অভিনেতার মনোযোগের পরিধি বড় হতে পারে। কিন্তু এটিকে বড় রাখতে শিল্পীকে একটি ছোট বৃত্ত বা একটি বিন্দুতে তার মনোযোগ আনতে হবে কারণ এটি ধরে রাখা বা বজায় রাখা খুব কঠিন কারণ এটি যখন ধীরে ধীরে চলতে শুরু করে তখন এটি এক পর্যায়ে থেমে যায়। সেই সময়ে অভিনেতাকে একটি বিন্দু বা বৃত্তে স্থাপন করা উচিত। তারপর সেখান থেকে ধীরে ধীরে আবার বৃত্ত বাড়ানোর দিকে মনোযোগ দিন।

4. প্রতিদিন ঘুমানোর এক ঘন্টা আগে, একজন অভিনেতাকে দিনের বেলা ঘটে যাওয়া সমস্ত ঘটনা, স্থান, লোকেদের সাথে দেখা, তারা কীভাবে আচরণ করেছিল এবং অভিনেতার প্রতিক্রিয়া কী ছিল সে সম্পর্কে বিশদভাবে চিন্তা করা উচিত। কারণ এটিই নিজেকে শক্তিশালী করার একমাত্র উপায়। অভ্যন্তরীণ এবং বাহ্যিক ফোকাসের শক্তিকে তীক্ষ্ণ, শক্তিশালী এবং বিকাশের জন্য যে কোনও শিল্পীর জন্য এই কার্যকলাপগুলি গুরুত্বপূর্ণ।

5. অভিনেতার উচিত অভিনয় করার সময় তার মনোযোগের বস্তুগুলিতে একটি কাল্পনিক জীবন দেওয়া উচিত যেমন এটি কোথা থেকে এসেছে, কে এটি ব্যবহার করেছে ইত্যাদি যাতে অভিনয় স্বাভাবিক হয়ে ওঠে।

6. অভিনেতার জন্য দৈনন্দিন জীবনের জিনিসগুলি পর্যবেক্ষণ করা আবশ্যক। তাকে বিভিন্ন আবেগ উন্নত করার জন্য কাল্পনিক পটভূমি প্রদান করা উচিত। সেই দৃশ্যগুলো স্মরণ করুন এবং সেগুলোর ওপর ভিত্তি করে ছবি আঁকুন।

7. মানুষের সাথে মিথস্ক্রিয়া করার সময়, তাদের ক্রিয়া, চিন্তাভাবনা এবং অনুভূতির মাধ্যমে তাদের অভ্যন্তরীণ সংবেদনশীল জীবন বোঝার চেষ্টা করুন। কেন সে এটা করে? কি ছিল তার মনে?

E. পেশী শিথিলকরণ

1. অভিনেতাকে তার পেশী শিথিল করার অভ্যাস করা উচিত যখন তিনি খুব টানটান হয়ে পড়েন।

2. যে কোনো চরিত্র আরো বিশ্বাসযোগ্য হবে যদি অভিনেতা কোনো কাজের উদ্দেশ্য বিশ্বাস করে।

3. একটি অঙ্গভঙ্গি করার সময় শুধুমাত্র সেই অঙ্গভঙ্গির জন্য প্রয়োজনীয় পেশী ব্যবহার করা উচিত।

F. কর্ম

1. শুটিং ফ্লোরে বা ফিল্মে যা ঘটবে তা একটি উদ্দেশ্যের জন্য হওয়া উচিত, এমনকি আপনি বাহ্যিকভাবে কিছু না করলেও, আপনাকে অবশ্যই বাহ্যিক বা অভ্যন্তরীণভাবে কাজ করতে হবে।

2. আবেগের উপর কাজ করার চেষ্টা করবেন না - আবেগ এমন কিছু দ্বারা সৃষ্ট হয় যা ইতিমধ্যে করা হয়েছে এবং আপনার এটি সম্পর্কে চিন্তা করা উচিত। ফলাফল স্বয়ংক্রিয়ভাবে প্রদর্শিত হবে.

G. ইউনিট এবং উদ্দেশ্য

1. চিত্রনাট্যের চরিত্র বিশ্লেষণ করার সময় অভিনেতার সামগ্রিক থিম/ধারণার দিকে নজর দেওয়া উচিত। তারপর এটি অংশে বিভক্ত করা উচিত। অভিনেতার একাধিক অ্যাকশন না হওয়া পর্যন্ত বিশ্লেষণ এবং তৈরি করতে থাকুন যা আকর্ষণীয় করে তোলা যেতে পারে, তবে সামগ্রিক থিমের উপর মনোযোগ না হারাতে সতর্ক থাকুন।

2. প্রতিটি ইউনিটের জন্য লক্ষ্য নির্ধারণ করুন। এই ক্রিয়াটি আপনার প্রয়োজন বা করতে চান এমন কিছু হওয়া উচিত।

H. বিশ্বাস এবং সত্যের অনুভূতি

1. সত্যবাদী হওয়ার জন্য খুব বেশি চেষ্টা করবেন না (একটি বিশ্বাসযোগ্য অংশ তৈরি করতে) বা আপনি এটি অতিরিক্ত করবেন।

2. অন্যের কাজের সমালোচনা করার সময় ভাল পয়েন্টগুলি সন্ধান করুন, কারণ শ্রোতারা যা দেখেন তা বিশ্বাস করতে চান, অপ্রাসঙ্গিকের জন্য নয়।

3. হয় "নিজেকে খেলুন" অফ স্টেজ বা আপনার চিন্তাভাবনাগুলিকে সীমাবদ্ধ করুন আপনি যাকে চিত্রিত করছেন যদি একই পরিস্থিতিতে পড়েন তবে কী করবেন ?

4. তাদের বাস্তবতায় আত্মবিশ্বাসের সাথে দৈহিক ক্রিয়াগুলির ক্রম বারবার পুনরাবৃত্তি করুন, যতক্ষণ না তারা একটি একক ক্রম হয়ে ওঠে: "মানব দেহের জীবন।

5. যেখানে আপনার নির্ভরযোগ্য কাজ আছে, এটি একটি ভাল ভিত্তি যার উপর ভূমিকার অনুভূতির অবচেতন জীবন কাঠামো তৈরি করা যেতে পারে।

6. কমেডি এবং ট্র্যাজেডির মধ্যে দৃষ্টিভঙ্গির পার্থক্য কেবলমাত্র আপনি যাকে চিত্রিত করছেন তার কর্মের আশেপাশের পরিস্থিতিতে রয়েছে। অনুভূতি সম্পর্কে চিন্তা করবেন না - আপনার কী করা দরকার তা নিয়ে ভাবুন।

I. আবেগ স্মৃতি

1. আপনাকে অবশ্যই আবেগের স্মৃতিগুলিকে মঞ্চে পুনরায় তৈরি করতে ব্যবহার করতে হবে, কখনও কখনও সংবেদনগুলির স্মৃতি (গন্ধ, স্বাদ, ইত্যাদি) দ্বারা অনুপ্রাণিত হয়।

2. আপনি প্রত্যেকের আবেগ, বা মনগড়া আবেগ ব্যবহার করতে পারবেন না। আপনি প্রত্যেকের আবেগ ব্যবহার করতে পারেন না, বা আবেগ তৈরি করতে পারেন না। তারা সবসময় আপনার কাছ থেকে আসে. সুতরাং আপনি সর্বদা নিজের সাথে খেলবেন, "কিন্তু এটি উদ্দেশ্য এবং পরিস্থিতির সংমিশ্রণের অসীম বৈচিত্র্যের মধ্যে থাকবে যা আপনি আপনার অংশের জন্য তৈরি করেছেন এবং যা আপনার ইন্দ্রিয়-স্মৃতির চুল্লিতে গলে গেছে।" তার পরিপ্রেক্ষিতে আপনি কেবল সেই অংশগুলিই ভাল খেলতে পারেন যার জন্য আপনার উপযুক্ত অনুভূতি রয়েছে।

3. সেট, লাইটিং, ইত্যাদি অভিনেতাদের জন্য মেজাজ সেট করে এবং শুধুমাত্র দর্শকদের প্রভাবিত করার জন্য নয়।

4. দুর্ঘটনাজনিত অনুভূতির প্রতিলিপি করতে, পরিণতি দিয়ে শুরু করবেন না - মূল উদ্দীপনাটি সন্ধান করুন এবং ব্যবহার করুন।

5. আমরা ইভেন্টগুলির দ্বারা উৎপন্ন আবেগগুলি ব্যবহার করতে পারি যেগুলি আমরা কেবলমাত্র দেখেছি বা পড়েছি, কেবল অভিজ্ঞ নয়।

6. একজন অভিনেতা অর্থাৎ একজন সত্যিকারের শিল্পীর কেন একটি পূর্ণ, আকর্ষণীয়, সুন্দর, বৈচিত্র্যময়, অনন্য এবং অনুপ্রেরণামূলক জীবনযাপন করা উচিত তা জানা গুরুত্বপূর্ণ। শুধু বড় শহরেই নয়, প্রাদেশিক শহর, প্রত্যন্ত গ্রাম, কারখানা এবং বিশ্বের বড় বড় সাংস্কৃতিক কেন্দ্রগুলিতে কী ঘটছে তা তাকে অবশ্যই জানতে হবে। তাকে তার আশেপাশের মানুষের জীবন, দেশে এবং বিদেশে জনসংখ্যার অন্যান্য অংশের মনোবিজ্ঞান অধ্যয়ন করা উচিত।

J. মেইল/কমিউনিয়ন

1. একটি মনোলোগ করার সময়, অভিনেতা বা অভিনয়শিল্পীকে অবশ্যই নিজের মধ্যে একটি বিষয় এবং বস্তু খুঁজে পেতে হবে। মস্তিষ্ক এবং সৌর প্লেক্সাসের মধ্যে যোগাযোগ স্থাপন করার চেষ্টা করুন।

2. শিল্পী বা অভিনেতাকে ভূমিকা পালন করার সময় এবং সঙ্গীর সাথে যোগাযোগ করার সময় চোখ, শরীর, আবেগ ব্যবহার করা উচিত এবং সংলাপের একটি অবিচ্ছিন্ন প্রবাহ বজায় রাখা উচিত।

3. যদি অভিনেতার অনুশীলন করার জন্য কোনও সঙ্গী না থাকে বা তার অভাব থাকে তবে তাকে কল্পনা করার পরিবর্তে সমাধান খুঁজে বের করা উচিত যাতে তিনি যোগাযোগকে একটি মাধ্যম এবং অংশীদার হিসাবে ব্যবহার করে তার অনুশীলনটি সুচারুভাবে করতে পারেন। এটি আপনাকে বুঝতে সাহায্য করবে যে অনুশীলনটি নিখুঁত করে তোলে।

K. অভিযোজন

1. শুটিং ফ্লোরে, মঞ্চে এবং জীবনে অভিনেতা পরিস্থিতির প্রতিক্রিয়া হিসাবে তার আচরণ, কণ্ঠস্বর, আচরণ ইত্যাদি গ্রহণ করেন, তিনি কার সাথে কথা বলছেন এবং তিনি কী চান।

2. অভ্যন্তরীণ চালিকা শক্তি

শিল্পী যখন পরিস্থিতি এবং পরিস্থিতি গ্রহণ করেন, তখন তিনি সবার সাথে সংযোগ স্থাপনের এবং আবেগকে প্রবাহিত পদ্ধতিতে প্রদর্শন করার জন্য একটি অভ্যন্তরীণ প্রেরণামূলক শক্তি পান।

3. "আমাদের মানসিক জীবনের গতিতে তিনটি প্রভাবশালী ইন্দ্রিয় আছে" : মন, ইচ্ছা এবং আবেগ। শিল্পী সৃজনশীল প্রক্রিয়া শুরু করতে, তিনটির যে কোনো একটি ব্যবহার করতে পারেন, যা পরে অন্যদের দিকে নিয়ে যাবে। আমরা তাকে সেখানে যেতে দেখি।

L. অবিচ্ছিন্ন লাইন (Unbroken Line)

1. যেকোন চরিত্রের জীবন, ঘটনা এবং আবেগের একটি অবিচ্ছিন্ন রেখা থাকা উচিত। শিল্পীর এটি চিত্রিত করার জন্য অবশিষ্ট সম্ভাবনাগুলি তৈরি করা উচিত। কারণ এই অবিচ্ছিন্ন লাইনে শিল্পী চরিত্রটিকে জীবন্ত করার জন্য মাত্র কয়েক মুহূর্ত পান।

2. একজন অভিনেতা বা শিল্পীর মনোযোগ ভেঙে না পড়ে একটি অবিচ্ছিন্ন স্রোত হওয়া উচিত, বস্তুর প্রাণবন্ততা এবং তাদের অভিব্যক্তিগুলি একে একে আকর্ষণ করে এবং দর্শকদের দ্বারা অনুপ্রাণিত না হয়। এর অর্থ হল অভিনেতার মনোযোগ চরিত্রের দিকে থাকা উচিত স্ক্রিপ্টে উল্লিখিত চরিত্র, এবং এটি তার সাথে সম্পর্কিত বস্তু এবং অনুভূতির দিকে হওয়া উচিত, দর্শকদের দিকে নয়।

M. দ্য ইনার ক্রিয়েটিভ স্টেট

1. যেকোন অভিনেতা বা শিল্পীর অভ্যন্তরীণ চালিকাশক্তি, উপাদানগুলির সাথে মিলিত হয়, যেমন কৌশল, প্রতিভা, উচ্চাকাঙ্ক্ষা ইত্যাদি, অভিনয় এবং অভিনেতার উদ্দেশ্যগুলি পুরোপুরি পূরণ করে। উপরে লিখিত "উপাদানগুলি" কে অভ্যন্তরীণ উপাদানও বলা যেতে পারে সৃজনশীল মেজাজ.

2. শিল্পীর সৃজনশীল মেজাজ, সাজানো প্রপস এবং সেটিংস/মিস-এন-সিন এবং শুটিং ফ্লোরে স্ব-পারফরম্যান্সের সাথে সংযুক্ত হওয়া বিপজ্জনক এবং স্বাভাবিকের চেয়ে থারাপ।

3. যদি কোন শিল্পী বা অভিনেতার যান্ত্রিক অভ্যাস থাকে বা তার সৃজনশীল পদ্ধতি কাজ না করে, তবে অবশ্যই তার অভিনয়ের পারফরম্যান্সের অবনতি ঘটবে। অভিনেতার জন্য এটি মনোযোগের বিষয় যে তিনি ক্যামেরার সামনে আসার সাথে সাথে বা মঞ্চে বা শুটিং ফ্লোরে, তার অভিনয় বিভ্রান্ত হতে থাকে, এর সহজ অর্থ হল তিনি ক্যামেরা, শুটিং ফ্লোর বা মঞ্চকে ভয় পান। এবং যদি সৃজনশীল উপাদানগুলির একটিও ভুল হয়ে যায় তবে অন্য সমস্ত উপাদানের সত্যতা ভুল হয়ে যায়।

4. যেকোনো অভিনেতাকে অভিনয়ের জন্য অভ্যন্তরীণ প্রস্তুতির জন্য কমপক্ষে এক বা দেড় ঘন্টা আগে তার ড্রেসিংরুমে পৌঁছাতে হবে এবং পৌঁছানোর সাথে সাথেই তার সমস্ত শরীর আলগা রেখে দিন। কারণ একজন অভিনেতার জন্য শুটিং ফ্লোরে যাওয়ার আগে তার পেশীকে বিশ্রাম দেওয়া প্রয়োজন। তাই পেশীকে বিশ্রাম দেওয়া উচিত।

তারপর পরবর্তী সিকোয়েন্সে তাকে স্ক্রিপ্টে লেখা চরিত্র অনুযায়ী একটি আকৃতি বা ছবি বেছে নিতে হবে। তাহলে কি ছবির রঙ নিয়ে ভাবা উচিত অভিনেতার? এটা কি প্রতিনিধিত্ব করে এবং এটি কি প্রতিনিধিত্ব করে? এটি আকারে কত বড়? অভিনেতা তার কল্পনায় চরিত্রের সাথে সম্পর্কিত করার জন্য যে চিত্রটি বেছে নেন তা হওয়া উচিত কোনও দূরবর্তী বস্তুর ছবি। তারপরে শিল্পীর একটি ছোট বৃত আঁকতে হবে তবে মনে রাখবেন যে বৃতটি এটি থেকে খুব বেশি দূরে হওয়া উচিত নয়,

শিল্পীর উচিত একটি শারীরিক উদ্দেশ্য বেছে নেওয়া। এখন তাকে অনুপ্রাণিত করুন। প্রথমে একজন এবং তারপর অন্যরা, শিল্পীর যা কল্পনা ছিল, সেগুলোকে সেই কল্পনাপ্রসূত ধারণার সাথে

যুক্ত করুন । এখন তার কাজকে এমন একটি সত্যিকারের রূপ দিন, চরিত্রের চিত্রায়ন যাতে শিল্পী নিজেই এটিতে বিশ্বাস করেন। বিভিন্ন অনুমান বিবেচনা করুন এবং সম্ভাব্য পরিস্থিতিগুলির পরামর্শ দিন যেখানে আপনি নিজেকে স্থাপন করতে পারেন। এটি চালিয়ে যান যতক্ষণ না আপনি আপনার সমস্ত 'উপাদান' চরিত্রের সাথে খাপ খাইয়ে নিচ্ছেন এবং তারপরে তাদের মধ্যে একটি বেছে নিন। এটা কোন ব্যাপার না. সেই সময়ে আপনার কাছে যা কিছু আবেদন করে, তা গ্রহণ করুন। শিল্পী যদি সেই একটি কাজকে কংক্রিট রূপ দিতে সফল হন, তবে বাকি সবগুলি স্বয়ংক্রিয়ভাবে অনুসরণ করবে।

N. অজ্ঞানতার দোরগোড়ায়

1. পারফরম্যান্সের সময় শুটিং ফ্লোরে দুর্ঘটনাক্রমে কিছু ঘটলে, অবিলম্বে আপনার অভিজ্ঞতার ভারসাম্য বজায় রাখুন বা পরিচালকের সাথে বিষয়টি নিয়ে বারবার আলোচনা করে এটি পুনরায় কার্যকর করুন। এটি করা একটি "সৃজনশীল অবস্থা" অর্জন করে যা সহজেই দেওয়া উচিত। ঘটনাটি বাস্তবতার স্পর্শ যা কর্মের চূড়ান্ত উদ্দেশ্য এবং দিকনির্দেশের সাথে মেলে।

2. দেখুন অভিনেতারা কী স্বপ্ন দেখেন, বা চিন্তা করেন বা অনুভব করেন, তাদের আবেগে, তাদের আকাঙ্ক্ষায়, তাদের ছোট কর্মে, তাদের মেজাজে, অভ্যন্তরীণ বা বাহ্যিক, তাদের কণ্ঠের সুরে, একটি পরিবর্তন না হওয়া পর্যন্ত অভিনেতা তার নিজের চরিত্র এবং অভিনেতা যে ব্যক্তিকে চিত্রিত করছেন তার মধ্যে পার্থক্য করতে সক্ষম বা অক্ষম । প্রকৃতপক্ষে, অভিনেতা যদি চরিত্রের চারপাশে পরিস্থিতি কী, কী ঘটছে, তিনি কোন পরিস্থিতিতে আছেন ইত্যাদি পরীক্ষা করেন এবং যদি তিনি চরিত্রটিকে সেই অনুযায়ী অভিনয়ে ঢালাই করেন এবং এগিয়ে যান, তবে তা আনা সহজ হয়ে যায় , চরিত্রের জন্য জীবন । অভিনেতার একটি অতি-উদ্দেশ্য প্রয়োজন যা পরিচালকের উদ্দেশ্যের সাথে সামঞ্জস্যপূর্ণ এবং একই সাথে বাকি অভিনেতাদের আত্মায় প্রতিক্রিয়া জাগিয়ে তোলে ।

শেষ (The End)

পরিশেষে, সামগ্রিকভাবে আমি আমার পাঠকদের বলতে চাই যে এই বইটি লেখার একমাত্র উদ্দেশ্য হল বইটি পড়ে শিল্পী বা যে কোনও ব্যক্তি উপকৃত হবেন। আমি নিশ্চিত যে আমার বইটির সাহায্যে আপনি আপনার অভিনয় দক্ষতা উন্নত করতে সক্ষম হবেন।

যখন কিছু তরুণ অভিনেতা আমাকে জিজ্ঞাসা করতে শুরু করেন যে আমি অভিনয় শিখতে কোন স্কুল বা ইনস্টিটিউটে যাব? তাকে আমার একটাই সাজেশন ছিল যে আপনি যে কোনো ইনস্টিটিউট বা অভিনয় স্কুলে অভিনয়ের কারিগরি দিকগুলো শিখতে পারেন, কিন্তু আপনার ভেতরের বুদ্ধিমত্তার মাধ্যমে আপনার নিজের প্রচেষ্টায় অভিনয় সম্ভব।

প্রযুক্তিগতভাবে আপনি ফ্রেমের সৌন্দর্য কীভাবে বাড়ানো যায় বা ক্যামেরার সামনে কীভাবে আচরণ করা যায় তা জানবেন। কিন্তু দর্শকদের সামনে এমন একটি চরিত্র উপস্থাপন করা আপনার নিজের প্রচেষ্টার মাধ্যমেই সম্ভব, যা দর্শকদের মুগ্ধ করে এবং তারা আপনার প্রশংসা করে। সামগ্রিকভাবে, এই বইটি আপনাকে অভিনয়ের শীর্ষে নিয়ে যেতে উপকারী প্রমাণিত হতে পারে এবং আপনি আপনার অভিনয় উন্নত করতে পারেন। এই পরিচয় দিয়ে শুভেচ্ছা সহ আমি আমার বই "আপনি অভিনেতা" আপনাদের সামনে উপস্থাপন করছি ।

কৌশল কুমার সিং